Leuchtobjekte
edel & fein

Elisabeth Rath & Team

Rosenkugelkranz

Material (Abb. Seite 1)

- Waldrebenkranz, Ø 45 cm
- je 1 Kunststoffkugel: Ø 14, 12, 10 cm
- 20er Mikro-Lichterkette
- 3D-Faserseide mit Rosen
- cremefarbenes Organzaband, 7 cm breit, 2,5 m lang
- cremefarbene Kordel, 2,5 m lang
- cremefarbene Perlen-Drahtkette
- runde, cremefarbene Sisalmatte, Ø 35 cm
- 12 cremefarbene Blüten aus Papier, Filz oder Holz
- großblättrige Efeugirlande, 150 cm lang

Zunächst die Faserseide so in etwa 4 x 4 cm große Stücke reißen, dass die Rosenmotive erhalten bleiben. Die Kugeln laut Grundanleitung vorbereiten, mit den Papierstücken bekleben und hängend trocknen lassen.

Anschließend den Waldrebenkranz mit einer Efeuranke umwickeln. Das Organzaband in regelmäßigen Abständen mit den Blüten bestücken. Den Kranz gemäß Abbildung mit einer Kordel, einer Perlenkette und dem Organzaband dekorieren.

Die drei Kugeln in den Kranz setzen und die komplette Dekoration auf einer Sisalmatte oder auf einem großen Teller platzieren. Statt einer Sisalmatte können Sie auch rund geschnittenes Sisalvlies nutzen.

Impressum:
© 2007 Bücherzauber Verlag GmbH, 41540 Dormagen
ISBN: 978-3-86545-204-7 ▪ Best.-Nr.: 45204

Fotos: Andrea Splietker
Styling: Andrea Splietker
Zeichnungen: Daria Broda
Layout/Satz/Bildbearbeitung: Andrea Splietker
Druck: Merkur Druck GmbH & Co. KG, Detmold ▪ www.merkur-druck-online.de

Das Gesamtwerk sowie die darin abgebildeten Motive sind urheberrechtlich geschützt. Jede gewerbliche Nutzung oder Vervielfältigung der abgebildeten Entwürfe – auch auszugsweise – ist nur mit schriftlicher Genehmigung des Herausgebers gestattet. Das Gleiche gilt auch für die Verbreitung, Vervielfältigung oder sonstige Verarbeitung mit elektronischen Systemen.

Alle Materialangaben und Arbeitsweisen für die abgebildeten Motive wurden sorgfältig geprüft. Eine Garantie oder gar Haftung für eventuell auftretende Schäden können seitens der Autorin oder des Verlages nicht übernommen werden.

1. Auflage 2007

Vorwort

Dekorative Lampen und Lichterketten sind schon seit geraumer Zeit Begleiter in unserem Wohnambiente. Durch den Wechsel von Materialien ergeben sich immer neue Gestaltungsmöglichkeiten.

In diesem Buch möchten wir Ihnen schöne und edle Dekorationen mit Kugeln, Herzen, Tropfen und Linsen aus Kunststoff vorstellen. Auch mit Glasröhren können Sie wunderschöne Hingucker zaubern. Mit wenigen Mitteln sind diese Objekte zu gestalten und dekorieren.

Es bereitet uns viel Freude, Ihnen mit diesem Buch schöne Anregungen zu einem neuen Trend zu geben.

Viel Spaß bei dieser neuen Idee wünscht Ihnen Ihre

Elisabeth Rath

und das Bastelteam (von links nach rechts von oben nach unten): Carmen Wilkening, Bianca Meyer, Elisabeth Rath, Vineta Koch, Lydia Harder, Heike Meyer, Rosemarie Krause & (ohne Bild) Sonja Huck, Marie-Luise Laubmeyer

Material & Werkzeug

- Kugeln, Herzen, Tropfen, Medaillons aus Kunststoff
- Glasröhren
- transparentes Naturpapier (Stroh/Faserseide) – alles was sich reißen lässt
- Mini- oder Mikro-Lichterkette mit linearer Kabelführung und Schalter
- seidenmatter Serviettenkleber
- Pinsel
- Kleinsägebogen, Seitenschneider
- Heißklebepistole
- Cutter/Schere/Bleistift
- Kopierpapier
- Tonkarton

Tipp!

Achten Sie beim Kauf der Lichterketten auf eine gute, geprüfte Qualität. Je nach Kunststoffgröße Mini- oder Mikro-Lichterketten verwenden, damit die Objekte nicht zu warm werden.

Die Lichterketten sind in unterschiedlichen Ausführungen als 10er, 20er, 35er und 100er Ketten in den Farben grün, weiß oder transparent erhältlich.

Grüne Lichterketten kommen am besten zum Einsatz, wenn sie in Kränzen oder Ranken eingearbeitet werden. Das Kabel fällt dort kaum auf.

So wird's gemacht!

Mit einer Säge oder einem Lötkolben eine Öffnung zum späteren Durchführen des Kabels in eine Objekthälfte schneiden und die Aufhänger abkneifen. Es ist kein Problem, wenn z. B. die Kugel etwas einreißt, da es nach dem Bekleben nicht mehr sichtbar sein wird.

Zunächst überprüfen, ob die Lichterkette einwandfrei funktioniert. Nun je nach Formgröße ein bis fünf Lichter hineinlegen, das Kabel durch die eingearbeiteten Löcher herausführen und die Objekte schließen. Das Papier in kleine, etwa 4 x 4 cm große Stücke reißen. Die Formen mithilfe eines Pinsels schrittweise mit Serviettenkleber einstreichen und die Papierstückchen überlappend aufkleben. Das Teil nochmals komplett mit Serviettenkleber überstreichen und zum Trocknen aufhängen. Nun die Objekte laut entsprechender Arbeitsanleitung dekorieren.

Raumdeko - Kugelkette

Material

- je 1 Kunststoffkugel: Ø 6, 7, 8, 10, 12, 14, 16 cm
- 20er Micro-Lichterkette
- rosa Strohseide®
- rotes Creapop Vlies, 55 cm lang
- pinke Perlen-Drahtkette, 2,5 m lang
- Mini-Rosenblattgirlande, 2,5 m lang

Zu Beginn in die Kugeln laut Grundanleitung an zwei gegenüberliegenden Stellen Löcher einarbeiten. Die Kugeln der Größe nach hinlegen und eine Mikro-Lichterkette einarbeiten. Anschließend die Objekte schließen und mit Strohseide® bekleben. Die Kugeln hängend trocknen lassen und das Vlies in 1,5 cm breite Streifen schneiden. Nun die Vliesstreifen um die Kugeln kleben. Zuletzt das Kabel der Lichterkette mit einer Perlenkette und einer Mini-Rosenblattgirlande kaschieren.

Auch in anderen Farben gibt diese verspielte Lichtquelle Ihrem Ambiente ein romantisches Flair.

Rosen-Fensterdeko

Material

- 3D-Faserseide mit Rosen
- granatrote Seidenmalfarbe
- 10 Kunststoffkugeln, Ø 7 cm
- 2 Rosenranken
- 20er Mikro-Lichterkette
- Caféhaus-Gardinenstange, 80 cm lang
- 2 Klebehaken

auf Gardinenstange

Die Seidenmalfarbe in einem Verhältnis 1:5 mit Wasser mischen und in eine Sprühflasche geben. Das Rosenpapier auf eine wasserfeste Unterlage legen und die Seidenmalfarbe gleichmäßig aufsprühen. Nach dem Trocknen das Papier so in Stücke reißen, dass die Rosenblüten erhalten bleiben.

Die Aufhänger von den Kugeln entfernen und laut Grundanleitung kleine Öffnungen zum Durchführen der Kabel einarbeiten. Anschließend die Kugeln schließen, mit dem Rosenpapier bekleben und trocknen lassen.

Die fertige Kugelkette und die Rosenranken um die Gardinenstange schlingen und diese mit zwei Klebehaken am Fensterrahmen befestigen.

Leuchtender Efeukranz

Material

- Waldrebenkranz, Ø 45 cm
- Efeugirlande
- je 1 Kunststoffkugel: Ø 12, 14, 16 cm
- weiße 20er Mikro-Lichterkette
- Organzaband, 25 mm breit, 2 m lang
- Girlande mit rosa Filzblüten
- Deko-Herzen aus Filz
- Strohseide®: rosa, pink

Den Waldrebenkranz mit einer Efeugirlande umwickeln. Anschließend eine Filzblütenranke mit einem Organzaband umwinden und an den Enden ein Filzdeko-Herz befestigen. Das Ganze am Kranz drapieren.

Die Kugeln laut Grundanleitung bearbeiten und nach dem Trocknen in den Kranz legen. Diese Dekoration verbreitet ein verspieltes, romantisches Ambiente.

Der Kranz sieht auch in anderen Farbkombinationen wunderschön aus.

Osternest

Material

- je 1 Kunststoff-Ei: Ø 16, 8, 10 cm
- goldgelbe Strohseide®
- Grasmatte mit Margeriten
- 20er Mikro-Lichterkette

Die Aufhänger der Eier mit einem Seitenschneider abkneifen und kleine Löcher zum Durchführen der Stromkabel einarbeiten. Nun neun Lichter der Kette in den drei Eiern verteilen und diese schließen. Die restlichen elf Birnchen später im Gras verstecken.

Reißen Sie die Strohseide® in etwa 4 x 4 cm große Stücke. Anschließend die Eier schrittweise mit Serviettenkleber einstreichen und die Strohseide® überlappend so aufkleben, dass die Stückchen an den oberen Rändern etwas abstehen. Dabei von oben beginnen und die Eier am besten hängend trocknen lassen.

Die Eier auf der Grasmatte anordnen. Damit die Eier etwas im Gras einsinken und besser stehen können, evtl. ein paar Grasbüschel aus der Matte entfernen. Das Stromkabel im Gras verbergen und seitlich herausleiten.

Dieses außergewöhnliche Nest erhellt jeden Ostertisch und verbreitet warme Frühlingsstimmung!

Ei im frühlingshaften Bastkorb

Material

- Kunststoff-Ei, Ø 16 cm
- 10er Mikro-Lichterkette
- goldgelbe Strohseide®
- Bastkorb, 11 x 11 cm (Wasserhyazinthenkorb)
- Blütenring, Ø 16 cm
- Grasranke, 40 cm lang
- hellgrüne Grasfaser

Zunächst den Aufhänger des Eies abkneifen und laut Grundanleitung von Seite 5 ein Loch zum Herausführen des Kabels einarbeiten. Die Lichterkette auf ihre Funktionstüchtigkeit überprüfen, in das Ei legen und dieses zusammensetzen.

Nun die Strohseide® in kleine Stücke reißen. Das Ei von oben beginnend schrittweise mit Serviettenkleber einstreichen. Die Strohseide® überlappend so aufkleben, dass die Stückchen nach oben hin noch etwas vom Ei abstehen und das Ganze eine flauschige Optik behält. Das Ei trocknen lassen.

Inzwischen den Korb mit Grasfaser ausstopfen und den Blütenkranz mit einer Grasranke unterlegen. Anschließend den Kranz vorsichtig von oben über das Ei stülpen. Das Objekt in den Korb setzen und das Stromkabel dabei an einer Korbecke herausleiten.

Diese dekorative Ei ist sicher eine schöne Geschenk-Alternative anstatt eines Frühlings-Straußes!

Zwiebelgras im Zink-Gefäß

Material

- Zinkgefäß, 16 x 15 x 34 cm
- Kunststoff-Kugeln: 3 x Ø 5 cm, je 1 x Ø 6, 7, 8, 10 cm
- 3 Zwiebelgräser mit Blüte
- 10er Mikro-Lichterkette
- hellgrüne Strohseide®
- weißer Flusskies, 1 kg
- Mistelranke, 2 m lang
- Steckschwamm

Die Kugeln laut Grundanleitung vorbereiten und die Lichterkette einarbeiten. Anschließend die Strohseide® in 4 x 4 cm große Stücke reißen und aufkleben. Die Kugeln am besten hängend trocknen lassen.

Nun den Steckschwamm an das Gefäß anpassen und die Zwiebelgräser auf einer Seite anordnen. Den Steckschwamm mit weißem Kies bedecken, sodass davon nichts mehr zu sehen ist. Die Kugel-Lichterkette auf den Kies legen und mit einer feinen Mistelranke dekorieren.

Eine besonders edle Dekoration die auch mit frischen Gräsern gearbeitet werden kann.

Große Rosenkugel

Material

- Kunststoffkugel, Ø 16 cm
- 3D-Faserseide mit Rosen
- 10er Mikro-Lichterkette
- dicke Rosenblattgirlande, 2 m lang
- cremefarbenes Organzaband, 2,5 m lang
- cremefarbene Kordel, 2,5 m lang
- 6 Deko-Kristalle

Bei diesem Objekt den Aufhänger nicht abkneifen, wohl aber daneben eine kleine Öffnung zum Durchführen der Lichterkette einarbeiten. Die Lichterkette in die Kugel einlegen und diese wie beim Rosenkugelkranz beschrieben mit der Faserseide bekleben.

Anschließend die Rosenblattgirlande an der Aufhängung der Kugel einhängen. Das Kabel der Lichterkette mit der Girlande umwickeln und das Ganze laut Abbildung mit einem Schleifenband, einer Kordel und Deko-Kristallen verzieren.

Das Rosenpapier können Sie, wie auf Seite 9 beschrieben, alternativ auch in Ihrer Wunschfarbe einfärben.

Hängende Herzen

Material

- Kunststoff-Herzen: 2 x Ø 8 cm, 2 x 10 cm, 1 x 14 cm
- beige Strohseide®
- lineare 20er Mikro-Lichterkette mit Schalter
- Efeuranke, 70 cm lang
- beiges Schleifenband, 5 cm breit, 2,5 m lang
- rotes Zierband, 0,5 cm breit, 2,5 m lang
- dunkelrote Facettenstein-Kette

Die Aufhänger der Herzen mit einem Seitenschneider abtrennen und eine kleine Öffnung zum Durchführen des Kabels einkneifen. Nun der Größe nach hinlegen und die Lichterkette so auf die Herzen verteilen, dass das größte später unten hängt. Die Herzen schließen und die Strohseide® in kleine Stücke reißen. Dann die Herzen schrittweise mit Serviettenkleber einstreichen, bekleben, nochmals mit Serviettenkleber überstreichen und hängend trocknen lassen.

Anschließend eine Efeuranke um das Kabel der Lichterkette winden. Beide Bänder zu doppelten Schleifen binden und im oberen Bereich an den Herzen fixieren. Zuletzt die Facettenstein-Kette ergänzen.

Herzenssache mit Schriftzug

Material

- Efeukranz, Ø 40 cm
- Kunststoff-Herzen: 1 x Ø 14 cm, 2 x Ø 10 cm, 2 x Ø 8 cm
- 20er Mikro-Lichterkette
- beige Strohseide®
- 3 Facettensteine
- 13 grünliche Rosenblüten, Ø 4,5 cm
- beiges Organzaband, 4 cm breit, 2 m lang
- cremefarbenes Organzaband mit Herzrand, 2,5 cm breit, 2 m lang
- Abstandsband

Zu Beginn die Aufhänger laut Grundanleitung von den Herzen abtrennen und kleine Öffnungen zum Durchleiten des Kabels einarbeiten. Die Lichterkette so auf die Herzen verteilen, dass zwischen den Herzen noch einige Lämpchen frei liegen. Nun die Herzen mit der Strohseide® bekleben und trocknen lassen.

Die Herzkette auf einer Hälfte des Kranzes anbringen und dabei die freien Birnchen zwischen die Blätter stecken. Abschließend nach Belieben eine Schleife, die Rosenblütenköpfe und Facettensteine mit Heißkleber am Kranz anbringen.

*Wenn Sie diesen Kranz zu einem herzlichen Anlass, eventuell auch als Geldgeschenk, überreichen möchten, befestigen Sie den Schriftzug mithilfe von Abstandsband.
Der Text kann so später sauber entfernt werden.*

Leuchtendes Glasröhrenlicht

Material

- Glasröhre, 35 cm lang
- lindgrüne Strohseide®
- 10er Mikro-Lichterkette
- naturfarbenes Dekogras
- Organzaband, 2 cm breit, 1,5 m lang
- Schmetterlingsband, 1,5 m lang
- Blütenranke, 1 m lang
- Margeriten-Sisalblüte, Ø 10 cm

Die Strohseide® in kleine Stücke reißen. Anschließend das Glas schrittweise mit Serviettenkleber einstreichen und die Papierstücke andrücken. Das Teil nochmals komplett mit Serviettenkleber überstreichen und trocknen lassen.

Nun die Lichterkette zusammen mit dem Dekogras in das Glas stecken und das Ganze mit den Bändern und Ranken schmücken.

Tipp:
Die Dekoration kann der jeweiligen Jahreszeit angepasst werden.

Dreiteiliges Glasröhrenset

Material

- 3 Reagenzgläser, 35cm lang
- Strohseide®: beige, gelb, hellgrün
- 5 dunkelgrüne Bambusstäbe, 65 cm lang
- 20er Mikro-Lichterkette
- Taschenbandhalter, 20 cm breit
- Mistelranke, 2,5 m lang
- Organzaband, 2 cm breit, 2,5 m lang
- beiges Dekogras
- Perlonfaden, Ø 0,50 mm

Die Reagenzgläser wie beim leuchtenden Glasröhrenlicht beschrieben, mit je einer Farbe der Strohseide® bekleben. Die Reagenzgläser nach dem Trocknen mit Perlonfäden versetzt an einen Taschenbandhalter hängen. Die Lämpchen der Lichterkette mit Dekogras gleichmäßig auf die drei Gläser verteilen und das Ganze anschließend laut Abbildung mit den Stäben, Bändern und Ranken dekorieren.

Gartenkugel

Material
- Gartenkugel, Ø 18 cm
- cremefarbene Strohseide®
- Serviette mit Mohnblumen
- Kunststoffrohr, Ø 25-30 mm, 1 m lang
- 20er Mini-Lichterkette für den Außenbereich
- maigrüner Bast
- Efeuranke, 1,5 m lang

Die Strohseide® zu Beginn in etwa 4 x 4 cm große Stücke reißen. Die Kugel schrittweise mit Serviettenkleber einstreichen und die Papierstücke andrücken. Nach dem Trocknen die Mohnblüten aus den Servietten reißen und nur die oberste Papierschicht mit Serviettenkleber aufkleben. Die Kugel nochmals komplett mit Serviettenkleber einstreichen und trocknen lassen.

Nun zehn der Birnchen durch das Rohr bis in die Kugel führen. Die restlichen Birnchen im Rohr belassen, das nun wiederum auch leuchten kann. Das Rohrende mit Heißkleber im Hals der Kugel fixieren. Das Ganze nach Belieben mit Gräsern, Bast oder Blättergirlanden dekorieren.

Da werden die Nachbarn sicher neidische Blicke über den Gartenzaun werfen. Natürlich macht diese leuchtende Blume auch im Haus ein gutes Bild.

Duftige Tischdekoration

Material
- 5 Kunststoffkugeln: 5 x Ø 10 cm, 6 x Ø 8 cm, 8 x Ø 6 cm
- Blütengirlande, 3 m lang
- cremefarbene Strohseide®
- orange Holzschmetterlinge
- 35er Mikro-Lichterkette

Die Aufhänger aller Kugeln mithilfe eines Seitenschneiders abtrennen. Anschließend je ein Loch in die Kugeln einarbeiten, um das Kabel der Lichterkette herausleiten zu können. Nun überprüfen, ob alle Birnchen der Kette funktionieren. Die Lämpchen auf die Kugeln verteilen und diese schließen.

Die Strohseide® in etwa 4 x 4 cm kleine Stücke reißen und die Kugeln laut Grundanleitung damit bekleben. Nach dem Trocknen eine Blütengirlande um das Kabel binden und die Schmetterlinge mit Heißkleber ankleben.

Fertig ist eine sommerfrische Tischdekoration.

Medaillon-Impressionen

Material

- Medaillons: 1 x Ø 10 cm, 1 x Ø 8 cm, 2 x Ø 7 cm
- Steckschale, 19 x 19 cm
- hellgrüne Strohseide®
- 10er Mikro-Lichterkette
- Artischockenblüte
- 2 Mohnkapseln
- 5-6 Bambusstäbe
- Kunstgräser
- Steckschwamm
- gewaschene Kiesel
- Spiegelkette
- grünes Reben-Dekoband
- Kreppwickelband

Zu Beginn die Aufhänger der Medaillons laut Grundanleitung von Seite 5 abtrennen und eine kleine Öffnung zum Durchführen des Stromkabels einarbeiten. Die Lichterkette auf die Medaillons verteilen. Anschließend die Medaillons schließen, die Strohseide® in etwa 4 x 4 cm große Stücke reißen und mit Serviettenkleber aufkleben.

Die Bambusstäbe mit Floristenband zusammenfassen. Den Steckschwamm auf Schalengröße schneiden und die Bambusstäbe mit Heißkleber darin fixieren. Nun die Medaillons nach Belieben anordnen. Das Kabel dabei mit Floristenband an den Bambusstäben befestigen und so kaschieren. Die Blüten ergänzen, die Schale mit Kieseln füllen und auf dem Steckschwamm festkleben. Abschließend das Ganze mit einem Reben-Dekoband und einer Spiegelkette dekorieren.

Sie können dieses Gesteck auch nach Wunsch mit anderen Blüten gestalten.

Leuchtende Sommerdeko

Material

- Zinkeimer
- Kunststofftropfen: 3 x 11 cm, 2 x 14 cm
- mittelblaue Strohseide®
- Deko-Halbperlen: beige, transparent
- 20er Mikro-Lichterkette
- Korallenfarnranke
- Muscheln
- Seesterne
- 2 Seemänner
- Liegestuhl
- Sand

Die Kunststofftropfen, wie auf Seite 32 beschrieben, vorbereiten und mit einer Lichterkette bestücken. Den Eimer mit Sand füllen. Nun die Lichterkette mit einer Korallenfarnranke am Eimerrand befestigen. Einen bequemen Liegestuhl in den Sand setzen und zwei Seemänner anordnen. Einige Muscheln, Seesterne oder andere maritime Objekte geben dem Ganzen den letzen Pfiff.

Diese Deko eignet sich hervorragend für eine Sommerparty.

Maritime Tropfen

Material

- je 2 Kunststofftropfen: Ø 14, 18 cm
- hellblaue Strohseide®
- 10er Mikro-Lichterkette
- Seesterne
- Perlenmuschel-Girlande, 1 m lang

Zu Beginn die Aufhänger der Tropfen mit einem Seitenschneider abknipsen und eine kleine Öffnung einarbeiten. Die Lichterkette auf die Tropfen verteilen und diese schließen. Nun die Tropfen mittels Serviettenkleber mit etwa 4 x 4 cm großen Strohseiden-Stücken bekleben. Das Ganze hängend trocknen lassen. Eine Perlenmuschel-Girlande um das Kabel winden und einige Muscheln sowie Seesterne mit Heißkleber ankleben. Fertig ist eine maritime Dekoration.

Auch als Traube zusammengebunden ist diese Lichterkette für das Bad sehr dekorativ.